PANÉGYRIQUE

DE

SAINTE SOLANGE

VIERGE ET MARTYRE, PATRONNE DU BERRY

PRONONCÉ DANS L'ÉGLISE DE SAINTE-SOLANGE, LE 10 MAI 1875

PAR M. L'ABBÉ A. PACTON

CURÉ DE SAVIGNY-EN-SEPTAINE

BOURGES

LIBRAIRIE DE CAMILLE TRIPAULT

RUE COURSARLON, 24

—

1876

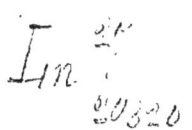

PANÉGYRIQUE

DE

SAINTE SOLANGE

VIERGE ET MARTYRE, PATRONNE DU BERRY

> *Sancta Solangia, castitatis nobilis victima, ora pro nobis.*
> Sainte Solange, glorieuse martyre de la chasteté, priez pour nous.
> (*Extrait des litanies de la Sainte*).

Il n'y a pas encore deux ans, mes frères, du haut de cette même chaire, une voix éloquente, dont notre Berry s'honore (1), redisait, après tant d'autres, et dans un merveilleux langage, les touchantes vertus, la vie si pure, la mort sublime, les gloires impérissables de notre bien-aimée patronne sainte Solange. Jamais poésie plus gracieuse, jamais couronne plus artistement tressée n'orna le front de l'humble bergère... Il m'est doux, en ce moment, de réveiller sous

---

(1). M. l'abbé F. Lagrange, vicaire-général d'Orléans, originaire de Dun-le-Roi.

ces voûtes, de retrouver vivants dans vos mémoires et dans vos cœurs les échos de cette belle parole.

Mais vous sentez aussi, mes frères, combien aujourd'hui il serait téméraire à moi de vouloir reprendre ce chemin. Ce serait fouler et profaner des fleurs. — Heureusement, la tâche que j'ai reçue de votre excellent pasteur est autre et plus simple. Je ne viens pas vous refaire ici, par le détail, une histoire que vous connaissez comme moi et mieux que moi.

Cette vie, n'est-il pas vrai? est un tableau. Eh bien! vous me permettrez d'en négliger un peu le cadre historique, si charmant soit-il, pour vous en présenter, avant tout, le fond. Solange est une fleur des champs. Eh bien! le dessein que je me propose est moins de vous en décrire la tige et de vous en étaler les couleurs que d'en dégager l'arôme et de vous en faire respirer le parfum. Je voudrais vous montrer l'œuvre de Dieu, la marque surnaturelle en cette humble vie : Dieu faisant à cette villageoise une destinée qu'envieraient des princes, répandant sur les années terrestres de Solange, avec une profusion magnifique, les richesses de sa grâce et couronnant d'une gloire immortelle son héroïque trépas.

Vers la fin du IXe siècle, naissait non loin d'ici, au petit village de Villemont, d'une famille de paysans chrétiens, celle que le Berry s'est donnée pour patronne. Là encore, ne peut-on pas admirer comment Dieu sait merveilleusement assortir les lieux et les âmes ? De verdoyantes prairies, des moissons, des fleurs — n'est-ce pas le théâtre de la vie d'une bergère? On pourrait épeler, ce semble, la naïve et charmante histoire des premières années de Solange dans chacun des détails de ce riant paysage : une vie paisible comme la calme campagne qui l'environne — une âme sereine comme la lumière de ce beau ciel — et jusque dans le cristal de la fontaine une imparfaite image de la chaste limpidité de son cœur...

Mais je me hâte, mes frères ; et, malgré le charme, cette délicieuse pastorale ne saurait plus longtemps nous arrêter. Aussi bien n'est-ce pas, par ce côté, que la vie de notre sainte est surtout belle et grande. Il faut une lumière plus pure et plus haute pour éclairer cette ravissante figure et pour donner tout son relief à cette angélique physionomie. Or, mes frères, dans l'ordre de la grâce comme dans celui de la nature, Dieu a voulu que la lumière nous vînt des hauteurs. C'est de la divine montagne des Béatitudes qu'est tombée et s'est répandue sur le monde la clarté victorieuse qui devait étendre et transformer nos horizons. C'est sur ce nouveau Sinaï, inondé des reflets d'un Ciel plus clément, que fut officiellement proclamée la Charte indéclinable de l'ordre surnaturel, le Code obligatoire de toute sainteté. Et depuis lors, tous les saints, comme des fleurs célestes, se sont épanouis à la douce chaleur de ce soleil du monde des âmes.

Eh bien ! mes frères, il me semble que trois rayons de cet astre bienfaisant ornent surtout et embellissent le front si pur de notre sainte. Solange naquit pauvre ; et loin de tenir sa pauvreté à déshonneur, elle sut en faire estime et l'aimer : *Beati pauperes spiritu, quoniam ipsorum est regnum Cœlorum.* Solange était belle ; et c'est à l'invisible Époux des âmes qu'elle voulut faire hommage de ses charmes et de sa beauté : *Beati mundo corde, quoniam ipsi Deum videbunt.* Et pour défendre le trésor de sa vertu, elle sut, quand vint l'heure, livrer sa vie pour sauver son âme : *Beati qui persecutionem patiuntur propter justitiam* C'est là, mes frères, à n'en pas douter, ce qui imprime à la vie de sainte Solange son cachet de beauté divine et de surnaturelle grandeur, c'est là ce qui lui compose sa très-douce et toute spéciale auréole.

Donc, la première leçon que nous donne la vie de sainte Solange, c'est, comme sur la montagne des Béatitudes, une leçon de pauvreté. Vous êtes-vous jamais demandé, mes frères, quelle révolution avait inaugurée dans le monde cet oracle tombé des lèvres du Sauveur : *Beati pauperes !* « Bienheureux les pauvres » ! cette hardiesse divine de canoniser bienheureux dès ici-bas ceux pour qui le monde semblait n'avoir pas assez de mépris? Certes, il n'y avait qu'un Dieu qui put enlever ainsi à la pauvreté ses longues flétrissures et son stigmate invétéré, qui put en faire une vertu que les âges chrétiens devraient aimer et pratiquer ; et il fallait une grâce puissante pour acclimater cette vertu dans l'âme humaine si éprise des faux biens d'ici-bas. Vous savez, mes frères, si cette grâce nous a manqué ; — grâce de l'exemple — attraits victorieux — célestes encouragements — tout fut mis en œuvre Le Dieu du Ciel voulut être pauvre sur la terre. La pauvreté fut sa part choisie et préférée au festin de ce monde ; à Bethléem, à Nazareth, au Calvaire, c'est toujours le Dieu pauvre.

« Lui, dit un éminent écrivain spirituel, qui donne la
« pourpre aux Rois, il n'avait qu'une pauvre robe de
« laine ; lui qui nourrit les anges et les oiseaux — *per*
« *quem nec ales esurit* — il souffrait de la faim ; lui qui
« a créé les soleils, il endurait le froid ; lui qui n'a qu'à
« ouvrir la main pour enrichir toute créature, il n'avait

« pas même une obole pour acquitter le cens ; lui dont les
« Séraphins sont le marchepied vivant, il n'avait pas une
« pierre où reposer sa tête (1) ». O sublime pauvreté du
Sauveur ! Faut-il s'étonner maintenant que des âmes chrétiennes soient accourues à l'odeur de vos parfums et aient voulu prendre leur part dans cet héritage trop délaissé de notre Maître ? Et quels secours puissants sont venus alors les soutenir dans cette pratique généreuse ! Quelles joies intérieures, quelles saintes délices ont payé leurs sacrifices et récompensé leurs efforts ! O Solange, vous avez compris la leçon du Dieu pauvre ! La pauvreté fut la dot glorieuse de l'Époux dont votre cœur avait fait choix. Et dès ce moment, elle compta au nombre de vos plus chers trésors.

Un jour pourtant, une tentation bien séduisante vint vous assaillir. Il vous fut offert d'échanger votre pauvreté contre la fortune et les honneurs, votre houlette de bergère contre la couronne des comtes de Bourges. Mais la grâce fut plus forte, votre âme supérieure à une aussi puissante fascination, et la victoire vous resta.

Qui saurait dire, mes frères, combien notre siècle si obstinément attaché à la terre, notre siècle qui a remplacé par de vulgaires appétits les plus nobles aspirations, pour qui rien ne vaut que l'or, a besoin de pareils exemples et de ces salutaires enseignements ? Dieu, par tous les moyens, leçons du passé, alarmes du présent, menaces de l'avenir, semble prendre à partie de détacher notre cœur des misérables biens qui le captivent. Il veut, pour ainsi

---

(1) M. l'abbé Gay, vicaire-général de Poitiers. — *De la Vie et des Vertus chrétiennes.*

dire, couper toutes nos racines du côté de la terre pour que notre accroissement, notre développement spirituel — le véritable progrès celui-là — soit tout entier dirigé du côté du Ciel. O riches! ô pauvres! puissiez-vous tous comprendre le dessein de Dieu! le vrai sens de la vie! Puissiez-vous entrer dans l'intelligence de cette béatitude où, en nous parlant de pauvreté, Notre-Seigneur nous parle aussi de *royaume;* mais de ce royaume qu'il faut chercher avant toutes choses et conquérir au prix de tout le reste. *Quærite primum regnum Dei.*

Ah! chrétiens, quand on se place à ces hauteurs, le problème de la pauvreté n'a plus rien d'étourdissant ni de scabreux. Le riche, libre au milieu des biens de ce monde, connaît l'étendue de ses devoirs; il se considère comme l'intendant, l'administrateur responsable du Père de la grande famille humaine, et comme dit notre Bourdaloue « le caissier des pauvres ». Le pauvre, selon le cœur de Dieu, dégagé de cette terrible responsabilité des richesses, n'est pas éloigné de préférer son lot. Après la Providence, sa première ressource, il compte sur le riche charitable, fils du même Père et racheté du même sang que lui. Et appuyés l'un sur l'autre, le pauvre et le riche traversent cette triste vie que David a si justement appelée « une vallée de larmes », soutenus par les mêmes espérances et l'œil fixé sur les biens éternels!

Mes frères, c'est pour jouir qu'on veut posséder; et les richesses ne sont si prisées que parce qu'elles achètent le plaisir. Mais remarquez-le bien: le plaisir, les voluptés ne sont pas la même chose que le bonheur. Et Notre-Seigneur a déclaré « bienheureux » ceux dont le cœur est pur, c'est-à-dire étranger aux voluptés terrestres. *Beati mundo corde!* Car il faut bien en convenir, mes frères, ce qui nous enchante, ce qui nous séduit et nous flatte, n'est que trop souvent ce qui nous déprave et nous corrompt. Oh! que la morale humaine est, sur ce point, différente de la doctrine évangélique! En dehors du Christianisme, je vous le demande, est-ce que tout ne tend pas au sensualisme? est-ce que tout ne se réduit pas au culte de la jouissance? Et nos plus austères philosophes, tous nos puritains du devoir ne sont-ils pas les premiers à sacrifier à la honteuse idole du plaisir?...

Le Christianisme seul, mes frères, a introduit dans le monde cette doctrine sublime qui fait de l'homme un ange dans la chair; et seul il donne la grâce qui produit les vierges et les chastes. C'est le Christianisme qui a appris à l'homme le respect religieux de son corps, si infirme, si méprisable dans l'ordre de la nature, mais si grand dans l'ordre surnaturel! l'organe des plus nobles opérations, le temple même de Dieu!

Vous savez, mes frères, dans quelle mesure la très-sainte vertu de chasteté est obligatoire pour tous les chrétiens et quel degré essentiel elle doit atteindre dans tous les états. Mais ce qui est l'indispensable pour tous n'est pas toujours le suffisant pour les âmes d'élite.

Solange était de ce nombre. Elle avait entendu dans les profondeurs de son âme ce pressant et mystérieux appel : *Audi, filia, et vide.* « O ma fille, prête-moi l'oreil-
« le et ne crains pas de fixer sur moi ton regard. Je ne
« te demande pas, comme à d'autres, d'abandonner ton
« peuple, la maison de ton père et la garde de ton trou-
« peau. Je ne te demande que ton cœur, car je suis épris

« de sa beauté. » *Concupiscit Rex decorem tuum.* A cet appel elle avait obéi. Et nos vieilles chroniques nous apprennent qu'à peine âgée de sept ans, ornée de tous les charmes du premier âge et de toutes les grâces de l'innocence, mais déjà séduite par l'immatérielle beauté de l'Époux céleste, elle avait consacré à Dieu, par le vœu de virginité, son âme et son corps. Après cela, qui pourrait s'étonner qu'elle lui appartînt toute entière ?

Elle aimait, nous disent d'anciens récits, à visiter chaque jour l'église de son village ; et lorsqu'elle était aux champs son regard n'avait pas de plus amoureuse direction : l'église ! c'était l'unique orientation de cette âme virginale. Solange était aussi, est-il besoin de le dire ? bonne et compatissante aux pauvres de Dieu comme elle et particulièrement secourable aux affligés et aux malades. Les jeux, les divertissements de son âge ne lui inspiraient que du dégoût ; « toute sa conversation était au Ciel ». Chaque jour marquait donc, de sa part, un nouveau progrès dans le bien. Ainsi la voyait-on grandir ; et semblable aux fleurs de ces rives solitaires, sa vertu exhalait pour Dieu seul tous ses parfums.

Mais le sacrifice n'avait pas encore atteint son terme. Et à cette vie si simple, si paisible, qui s'écoulait ainsi embaumée d'innocence entre le service de Dieu et la garde d'un troupeau, était réservée la couronne des grandes luttes ! D'abord une fraîche et gracieuse idylle ; puis tout-à-coup un dénoûment tragique et la palme sanglante du martyre ! Vous connaissez ce récit, ce glorieux épilogue d'une vie innocente.

C'était, en ce temps-là, un haut et puissant seigneur que le comte Bernard ; et il régnait en souverain dans la capitale de notre vieux Berry Un jour, les hasards d'une chasse l'amenèrent en ces lieux. Il fut séduit par la ravissante beauté de notre bergère ; et aussitôt une flamme impure s'alluma dans son cœur. Ce ne furent tout d'abord que flatteries habiles et séduisantes promesses : « Jeune fille, le vaillant comte de Bourges met à vos pieds ses richesses et sa couronne si vous voulez l'accepter pour époux ». Mais Solange a donné sa foi à un époux meilleur et les offres les plus enchanteresses ne sauraient ébranler sa vertu. De plus pressantes sollicitations n'obtiennent qu'un plus énergique refus. Il frémit de colère, l'irrésistible chevalier ! La timide enfant cherche son salut dans la fuite Il fond sur elle, l'étreint avec violence et la jette sur son cheval qui l'emporte au galop. Il allait franchir le ruisseau de l'Ouatier quand Solange se dégage, glisse à terre et de nouveau s'enfuit. La passion fait place à la fureur ; le ravisseur tire l'épée, le fer brille. Un mot de Solange peut encore la sauver !... « Frappez, comte, voici ma tête, mais vous n'aurez jamais mon cœur ! » Et déjà cette tête innocente roulait à terre et rougissait de son sang l'herbe de la prairie et les ondes du ruisseau. Ainsi mourait, il y a bientôt mille ans, à cette même date du 10 mai, celle dont le souvenir toujours vivant attendrit vos cœurs et fait couler vos larmes : *Beati qui persecutionem patiuntur propter justitiam, quoniam ipsorum est regnum Cœlorum.*

Était-il possible, mes frères, de se méprendre sur une telle mort couronnant une telle vie ? Le surnaturel ne sacrait-il pas, d'un bout à l'autre, cette pure et chrétienne existence ? Qui donc eût osé ne voir dans cette mort héroïque qu'un crime ordinaire et un vulgaire assassinat ? La vie de Solange n'expliquait-elle pas sa mort ? Et si sa vie fut angélique, sa mort fut-elle autre chose qu'un martyre pour la sainte vertu qu'elle avait placée si haut dans son cœur ? Aussi, autour de cette humble mémoire, voyez éclater le religieux enthousiasme de ces âges de foi. Par une acclamation unanime, Solange reçut les honneurs de cette canonisation populaire qui ne fut que le prélude et le gage de la ratification authentique de l'Église. Et voilà que dix siècles la saluent de ce titre qui s'est associé à son nom et durera autant que lui : « Solange, martyre de la chasteté, priez pour nous ! »

Du reste, mes frères, à la voix du peuple allait faire écho la voix de Dieu, et la gloire allait se lever sur cette tombe obscure. Tous les biographes de la sainte se plaisent à raconter que Dieu, pour récompenser sa virginale innocence, lui avait rendu une part de cet empire sur la nature et les animaux dont jouissait l'homme avant le péché. Son pur regard, comme autrefois l'ombre de saint Pierre, faisait des miracles et opérait des guérisons.

Mais sa mort devait être le signal de plus surprenantes merveilles et c'est de sa tombe que la vertu divine devait s'échapper avec plus d'éclat.

A peine frappée du glaive, cette tête coupée prophétise et par trois fois laisse s'exhaler comme un soupir d'amour le nom si doux du Rédempteur. Vous connaissez encore cette autre tradition vénérable, rendue vivante par vos vieilles tapisseries. Comme autrefois pour saint Denys, voici se dresser le tronc décapité de la bergère On la vit, la tête dans ses mains, s'avancer conduite par un ange jusqu'à l'église du village où Dieu avait marqué sa sépulture.

Cette église, mes frères, était alors sous le vocable de l'illustre évêque de Tours et le village lui-même portait le nom de *Saint Martin du Cros*. Mais tant était profonde l'impression, tant était irrésistible l'enthousiasme produits par cette mort que le grand thaumaturge des Gaules dut s'incliner devant la petite bergère de Villemont. Le village, l'église ne devaient plus porter qu'un nom : celui de sainte Solange !

Il n'entre pas dans ma pensée, mes frères, vous le comprenez bien, de faire ici l'histoire du culte de notre sainte patronne ni de vous redire la succession ininterrompue de ses miracles. Les principaux sont rapportés par les historiens de sa vie et les plus récents sont dans toutes les mémoires. A vrai dire, il semble que Dieu ait voulu remettre sa puissance aux mains de cette humble fille des champs !... Et quel miracle perpétuel et éclatant que ce concours des fidèles et cette confiance des peuples ! Naguère, devant la magnifique explosion de foi que provoquèrent nos derniers désastres, une voix sceptique et railleuse a osé dire que les pèlerinages n'étaient plus dans nos mœurs. Vous savez, pèlerins de sainte Solange, ce qu'il faut penser de cette parole. Combien de fois n'avez-vous pas été les témoins ravis de ce grand spectacle, si ancien déjà et que chaque année renouvelle ? Vous avez vu, comme moi, ces longues files de vierges, le chapelet aux doigts, ces jeunes gens, ces mères chrétiennes, ces hommes de tout âge et de tout rang. Votre oreille a été frappée des chants sacrés, des pieux cantiques s'échappant de mille cœurs émus, et aussi de ces autres accents plus indistincts mais non moins pénétrants de la douleur qui implore. Vous avez lu sur des physionomies radieuses les joies de l'espérance et les invincibles certitudes de la foi chrétienne. Quel concert de supplications, de soupirs, de sanglots, de gémissements! Partout des larmes dans les yeux, des regards tournés au Ciel, des lèvres toutes frémissantes des élans de la prière!...

Tel est, encore une fois, le spectacle saisissant que chaque année ramène et qu'il vous sera donné de revoir dans quelques jours (1). Eh bien! en fait de gloire terrestre, je n'en connais pas de plus douce et de plus populaire que celle qui rayonne ainsi, après mille ans, au front très-pur de la sainte bergère. Au milieu de tant de prétendues grandeurs qui s'en vont ou s'écroulent, rien là qui rappelle la caducité des choses humaines; mais dans ce culte, au contraire, une puissance de vitalité et de rajeunissement qui est le privilége des choses divines.

Oui, il était réservé à ces dernières années de voir le culte de sainte Solange se développer et fleurir encore. Qu'est-il besoin de rappeler ici, à vos mémoires reconnaissantes, le souvenir des deux saints prêtres que Dieu a retirés du milieu de vous? (2) N'avez-vous pas toujours présents à la pensée leur zèle, leurs efforts, leurs sacrifices? N'ont-ils pas été, ne sont-ils pas encore du haut du Ciel les promoteurs de ce mouvement de foi et de piété qui devait avoir au *Champ du martyre* une si gracieuse et si magnifique expression?

Et sans vouloir parler des vivants, il me serait moins permis qu'à tout autre d'oublier ici quelqu'un dont la

---

(1) Le grand pèlerinage à Sainte Solange n'a pas lieu le jour de la fête, 10 mai, mais le lundi de la Pentecôte.

(2) M. l'abbé Charbonnier, curé de Ste Solange, mort le 30 juillet 1869; M. l'abbé Xavier Lelièvre, son successeur, mort le 11 novembre 1873.

science architecturale, la direction si habile et si compétente est venue tout à propos donner au monument de sainte Solange le cachet de l'art et du bon goût (1).

Enfin, et comme dernière bénédiction, Dieu qui semble avoir eu pour le culte de la « bonne sainte » une providence toute particulière, de notre temps, en a confié la garde et la propagation à un prêtre, mes frères, dont je n'ai rien à vous apprendre et ne veux vous dire qu'un mot : c'est qu'il joint à un cœur d'apôtre un très-remarquable talent d'artiste dont vous ne tarderez pas à admirer les œuvres (2).

O Solange ! aimable sainte et glorieuse patronne, mon dernier mot sera pour vous. Daignez bénir ces quelques paroles qui résument si imparfaitement les leçons de votre admirable vie. Ah ! bien mieux, ces leçons, gravez-les ineffaçablement dans nos âmes. Apprenez-nous à n'user des biens de ce monde que selon les adorables desseins de Dieu. Obtenez-nous de lui un amour ardent pour la sainte vertu qui fait votre gloire. Multipliez au milieu de nous les jeunes filles qui vous ressemblent, âmes virginales, cœurs intrépides. Puisse votre exemple rester toujours notre lumière, et le développement de votre culte, en nos temps, être pour nous le gage de nouveaux bienfaits !

---

(1) M. l'abbé Robin, précédemment doyen d'Argenton, maintenant chanoine de la Métropole.

(2) M. l'abbé Vallière, curé actuel de Sainte-Solange.

www.ingramcontent.com/pod-product-compliance
Lightning Source LLC
Chambersburg PA
CBHW061626040426
42450CB00010B/2694